„Lieber feste feiern als feste arbeiten"

– wie auch immer Ihr Motto zum Feiern aussieht, jeder von uns lädt ab und zu Freunde und Bekannte ein und festet mit ihnen. Wir wollen Sie mit diesem Buch anregen, Ihre Feste kreativer zu gestalten. Überraschen Sie Ihre Gäste mit individuellen, schnell selbst angefertigten Einladungskarten, die mit passenden Fertigteilen ergänzt werden. Das dafür verwendete Motiv übernehmen Sie für die Menükarten, die in Ihre Tischdekoration integriert werden. Unkonventionelle Tischkarten oder besondere Serviettenringe schmücken den Platz jedes Gastes.

Gelungene Feste

Die Fotos zeigen Ihnen Vorschläge zur Tischgestaltung in passenden, stimmungsvollen Farbkombinationen, die Sie nach Ihrem Geschmack abwandeln können. Beim Einkauf von Material und Dekoration lassen Sie sich im Bastelgeschäft oder im Kaufhaus beraten, und entscheiden Sie sich dann für Ihre eigene Auswahl zur Gestaltung Ihres Festes.

Alle Bastelarbeiten sind einfach herzustellen, und wir haben sie zudem sehr detailliert beschrieben. Sie - und Ihre Gäste - werden staunen, wie leicht man mit wenig Aufwand stimmungsvolle, individuelle Festdekorationen zaubert.

Viel Freude beim Einladen und Feiern

wünschen Ihnen Ihre

INHALT

Inhaltsverzeichnis

Frühling/Ostern	4/5
Spargelessen	6/7
Erdbeerfest	8/9
Marienkäferfest	10/11
Gartenfest	12/13
Hochsommer	14/15
Erntedank	16/17
Weintrauben	18/19
Mexikanische Einladung	20-23
Chinesisches Essen	24/25
Adventszeit	26/27
Weihnachtstafel	28-30

Bastel-Tips

Alle Motive für die Papierarbeiten sind auf dem Vorlagenbogen enthalten.

Herstellen von Schablonen:
In der Regel werden Sie von dem gewünschten Motiv eine Schablone anfertigen. Dazu wird der entsprechende Ausschnitt des Vorlagenbogens fotokopiert und auf einen dünnen Karton flächig aufgeklebt. Alternativ hierzu können Sie das Motiv mit Transparentpapier abpausen oder mit Kohlepapier direkt auf den Karton übertragen. Anschließend wird die Schablone sauber ausgeschnitten. Eine ganze Serie von Motiven läßt sich damit leicht herstellen: Sie legen die Schablone jeweils auf den Bastelkarton, umfahren den Rand mit einem gut gespitzten Bleistift (senkrecht halten!) und schneiden schließlich die Motive aus.

Tischkarten:
Tischkarten können Sie als Fertigteil kaufen oder ganz einfach aus Tonkarton selbst herstellen. Schneiden Sie hierfür ein Tonkarton-Stück beliebiger Farbe zu (10,5 cm x 12 cm), und falten Sie es in der Mitte.

Einkaufs-Hinweise

Alle im Buch verwendeten Materialien und Dekorationsteile sind im Fachhandel erhältlich. Die Dekorationsteile für den Tischschmuck können Sie in Ihrem Bastelgeschäft gezielt mit Hilfe von Katalogen bestellen, falls sie dort nicht vorrätig sind.

3

Schäfchen zur Frühlings- und Osterzeit

Einladungskarte / Menükarte

- Weiße Passepartout-Fertigkarte, A5, Querformat, mit großem ovalen Ausschnitt (z. B. von Hobbidee)
- Breites Rupfenband in Grün, ca. 25 cm
- Grüne Strohseide, 13 cm x 18 cm
- Kleine Deko-Narzissen
- Deko-Gras
- Schmales Band in Orange
- Für das Schaf:
  Weißer Bastelkarton, Filz und Kordel in Weiß, weißer Woll-Vlies (aus dem Kaufhaus), Glöckchen, ovales Wackelauge (ø 6 mm)
- Goldstift, extra fein
- Schere
- Klebstoff
- Klebe-Pad

Eine Schablone für das Schaf anfertigen (siehe Vorlagenbogen) und mit deren Hilfe aus dem weißen Bastelkarton ein Schaf ausschneiden.
Ein Stück weiße Kordel als Schwanz ankleben und das Ende verknoten. Woll-Vlies aufkleben, dann Ränder nachschneiden. Filz-Ohr (siehe Vorlagenbogen) ausschneiden und zusammen mit dem Wackelauge ankleben, Glöckchen mit einem Stück des orangefarbenen Bandes festbinden. Deko-Gras von hinten an den Rand des Ausschnitts der Passepartout-Karte kleben, Rupfenband von hinten ankleben, Enden nach vorn umklappen und mit wenig Klebstoff fixieren. Strohseide hinter den Ausschnitt kleben, dann die weiße Innenkarte hinterkleben.
„Einladung" oder „Menü" mit dem Goldstift auf den Rand der Karte schreiben, Schaf mit einem Klebe-Pad auf dem Rupfen fixieren.
Die Deko-Narzissen und ein paar Deko-Grashalme mit dem orangefarbenen Band zusammenbinden, mit einer Schleife verzieren und dann auf die Karte kleben.

Tischkarte

Für die Tischkarte benötigen Sie neben dem oben angegebenen Material eine weiße Tischkarte (Fertigteil).

Schablone für das stehende Schaf anfertigen, dann das Schaf wie oben beschrieben fertigstellen. Ein Stück grüne Strohseide auf die Tischkarte kleben, dann Rupfenband und Schaf festkleben und Karte mit Deko-Narzisse verzieren.

Tips zur Tischdekoration

Statt den im Foto gezeigten Seiden-Tulpen können Sie natürlich einen Strauß frischer Tulpen aufstellen.

• • • • • • • • • • • • • • •

Der Holzzaun ist im Bastelgeschäft erhältlich.

• • • • • • • • • • • • • • •

Das frische Moos kann durch Deko-Gras ersetzt werden.

• • • • • • • • • • • • • • •

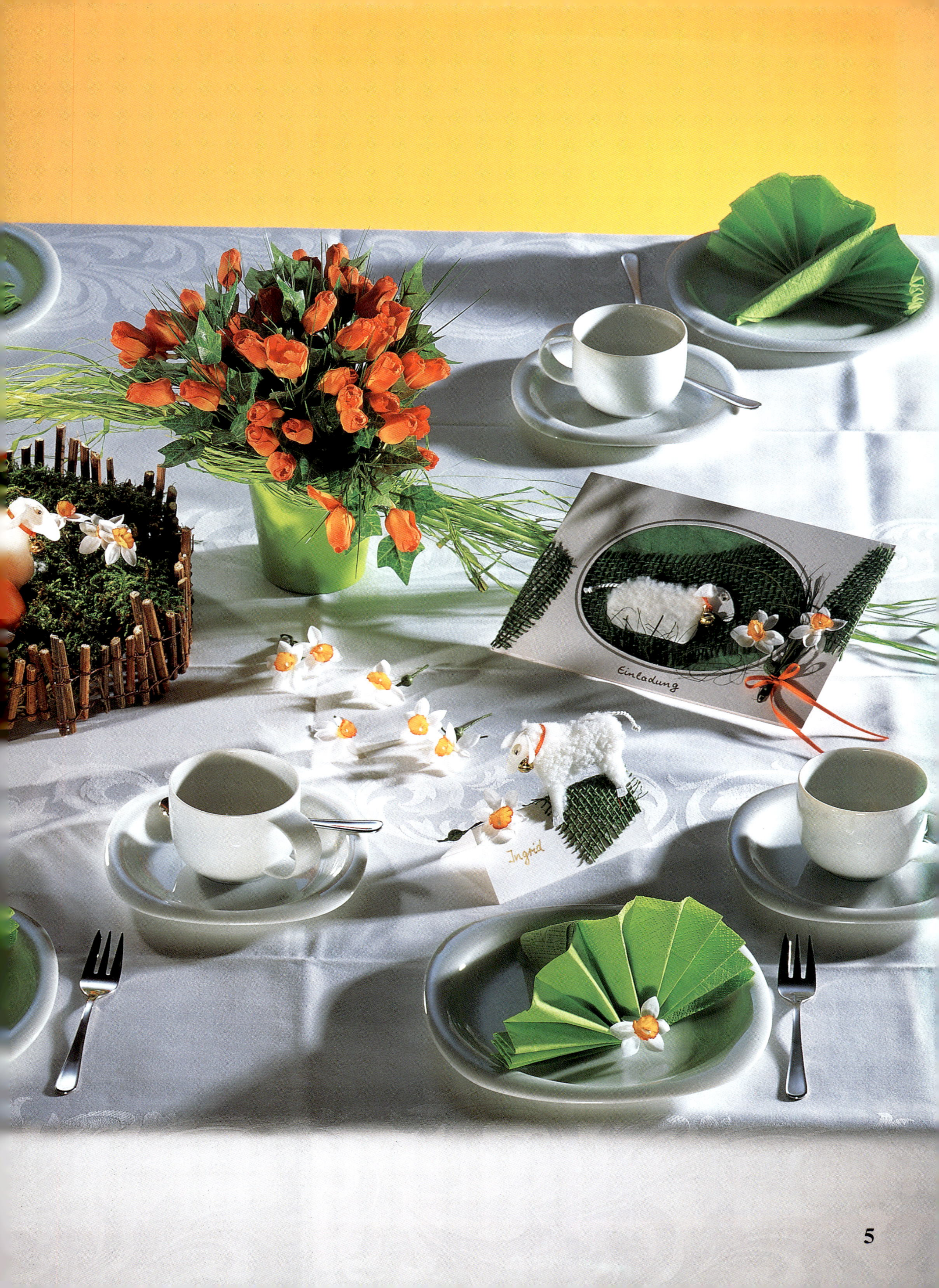
Einladung
Ingrid

Edler Spargel

Einladungskarte / Menükarte

- Doppelkarte aus weißem Fotokarton, A5, Querformat
- Für den Spargel: Bastelkarton in Grün, Relieffarbe in Jadegrün
- Grünes Schöpfpapier aus Kokosfasern
- Naturbast
- Silberstift, extra fein
- Bleistift
- Schere mit gebogener Spitze (z. B. Nagelschere)
- Cutter mit Schneideunterlage
- Lineal
- Klebstoff
- Klebe-Pads

Für die Doppelkarte aus dem weißen Fotokarton ein Rechteck von 21 cm x 29 cm mit dem Cutter schneiden, in der Kartenmitte von der Rückseite her mit Cutter und Lineal leicht anritzen und falzen.

Aus dem grünen Schöpfpapier ein rechteckiges Stück vorsichtig ausreißen und flächig auf die Karte kleben.

Nach dem Muster auf dem Vorlagenbogen eine Schablone für das Spargelbündel herstellen, mit Bleistift auf den grünen Bastelkarton übertragen und ausschneiden.

Eine Schablone von der einzelnen Spargelstange anfertigen und drei Stangen ausschneiden.

Alle Spargelstangen mit dem Relieffarbstift verzieren, dann „Einladung" oder „Menü" mit dem feinen Silberstift auf eine der Stangen schreiben.

Die einzelnen Spargelstangen mit Klebe-Pads auf das Bündel kleben, mit einer Schleife aus Bast verzieren und schließlich mit weiteren Klebe-Pads auf dem Schöpfpapier befestigen.

Tischkarte

Für die Tischkarte benötigen Sie neben den bereits oben angegebenen Materialien eine weiße Tischkarte (z. B. Fertigteil).

Jede Tischkarte wird mit einem Stück des grünen Schöpfpapiers verziert. Darauf befestigen Sie mit Klebe-Pads ein Spargelbündel, das aus drei einzelnen Spargelstangen besteht, und eine Bastschleife. Den jeweiligen Namen des Gastes schreiben Sie mit dem feinen Silberstift auf.

Tips zur Tischdekoration

Kaufen Sie zuerst den Deko-Spargel, und stimmen Sie auf dessen Farbe Papier und Bänder ab.

• • • • • • • • • • • • • • • •

Statt des selbstgebastelten Papier-Spargels können Sie Deko-Spargelstangen auf die Tisch- und Einladungskarten kleben.

• • • • • • • • • • • • • • • •

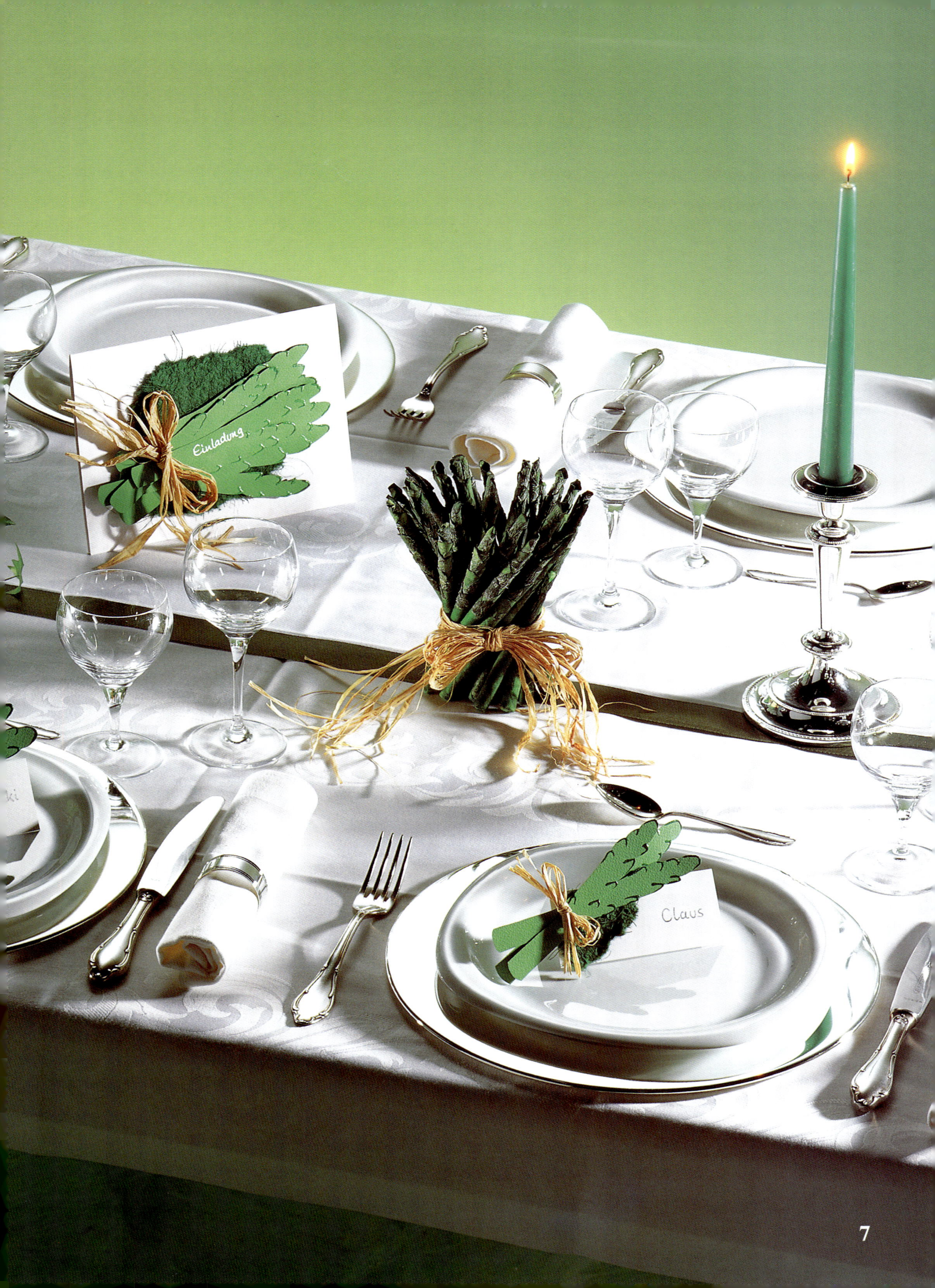
Einladung
Claus

Erdbeeren – aber bitte mit Sahne!

Einladungskarte / Menükarte

✖ Glanzkarton in Rot und Grün
✖ Relieffarbe in Gold
✖ Goldstift, extra fein
✖ Bleistift
✖ Schere
✖ Klebstoff

Eine Schablone für die große Erdbeere anfertigen.
Ein Stück des roten Glanzkartons falzen, am Falz die Erdbeer-Schablone anlegen und den Rand mit spitzem Bleistift umfahren; dann das Motiv doppelt ausschneiden. Aus dem grünen Glanzkarton mit Hilfe einer Schablone den Stielansatz ausschneiden, „Einladung" oder „Menü" mit dem feinen Goldstift darauf schreiben und oben auf die gefaltete Karte kleben. Die Erdbeere mit dem Relieffarbstift verzieren und trocknen lassen.

Tischkarte

✖ Grüne 3D-Colorwellpappe
✖ Weißer Bastelkarton
✖ Glanzkarton in Rot und Grün
✖ Relieffarbe in Grün
✖ Naturbast
✖ Bleistift
✖ Schere
✖ Cutter mit Schneideunterlage
✖ Lineal
✖ Klebstoff
✖ Klebe-Pads

Aus der grünen Wellpappe ein Rechteck von 7,5 cm x 10,5 cm mit Cutter und Lineal ausschneiden; in der Diagonalen von hinten leicht anritzen und so knicken, daß ein Aufsteller entsteht.
Das Namensschild ist ein kleines Dreieck, das aus weißem Bastelkarton mit dem Cutter ausgeschnitten wird (Muster siehe Vorlagenbogen).
Der Name wird mit einem grünen Reliefstift auf das Dreieck geschrieben (am besten vorher üben, die Farbe gut trocknen lassen!).
Die kleine Erdbeere – wie oben beschrieben – anfertigen. Namensschild aufkleben, Erdbeere mit Klebe-Pad befestigen und zuletzt eine kleine Bastschleife aufkleben.

Tips zur Tischdekoration

Die Tischkarten wirken ebenso hübsch mit eingekauften Deko-Erdbeeren.

• • • • • • • • • • • • • • •

Wenn Ihnen die Deko-Erdbeeren nicht so gut gefallen, nehmen Sie statt dessen echte Erdbeerpflanzen in passenden Gefäßen, oder Sie entscheiden sich für ein farblich abgestimmtes Tischband.

• • • • • • • • • • • • • • •

9

Marienkäfer für große und kleine Leute

Einladungskarte / Menükarte

- Doppelkarte aus weißer Wellpappe, A5, Querformat
- Glanzkarton in Rot, Grün und Schwarz
- Schwarzer Bast für die Fühler
- Wackelaugen, ø 8 mm
- Goldstift, extra fein
- Locher zum Ausstanzen der schwarzen Punkte (alternativ: mit Lackmalstiften in Schwarz aufmalen)
- Schere
- Cutter mit Schneideunterlage
- Lineal
- Klebstoff
- Klebe-Pads

Für die Karte aus der weißen Wellpappe mit Cutter und Lineal ein Rechteck von 21 cm x 29 cm schneiden, in Kartenmitte von der Rückseite her vorsichtig anritzen und falzen.
Schablonen für das große Blatt und die Teile des mittelgroßen Marienkäfers anfertigen (siehe Vorlagenbogen) und die Einzelteile aus dem roten, schwarzen und grünen Glanzkarton ausschneiden.
Die Teile des Marienkäfers und die Wackelaugen zusammenkleben, Bast-Fühler von unten befestigen. „Einladung" oder „Menü" mit Goldstift auf den Rand des Blattes schreiben, dann Marienkäfer und Blatt mit Klebe-Pads auf der Karte befestigen.

Variante: Klappkarte mit großem Marienkäfer
(siehe Foto, linker Rand)

Für die große Marienkäfer-Klappkarte brauchen Sie das gleiche Material wie oben angegeben; die Wackelaugen haben hier jedoch einen Durchmesser von 10 mm, und die schwarzen Punkte werden aus Glanzkarton geschnitten (oder alternativ aufgemalt).
Stellen Sie zunächst eine Schablone für den großen Marienkäfer her (siehe Vorlagenbogen).
Dann falzen Sie ein Stück des schwarzen Glanzkartons, legen die Marienkäfer-Schablone am Falz an und umfahren den Rand mit einem spitzen Bleistift.
Nun wird die Klappkarte doppelt ausgeschnitten, und der Käfer wird – wie oben beschrieben – fertiggestellt.

Tischkarte und Sticker für Trinkhalm

Für die kleinen Tischkarten und Sticker benötigen Sie das oben bereits angegebene Material, nur die Wackelaugen haben einen Durchmesser von 4 mm. Zusätzlich wird eine Lochzange zum Ausstanzen der schwarzen Punkte gebraucht.
Aus der weißen Wellpappe mit Cutter und Lineal ein Rechteck von 7,5 cm x 10,5 cm schneiden; in der Diagonalen von hinten leicht anritzen und so knicken, daß ein Aufsteller entsteht. Schablonen für die Teile des kleinsten Marienkäfers und des kleinsten Blattes anfertigen. Teile ausschneiden und zusammenkleben, Namen des Gastes mit Goldstift auf das Blatt schreiben, dann Käfer und Blatt mit Klebe-Pads auf der Tischkarte anbringen.

Tips zur Tischdekoration

Auf dem Foto ist zu sehen, wie Sie den kleinen Marienkäfer auch als Sticker an einem Trinkhalm befestigen können. Für die Anbringung wird ein Klebe-Pad verwendet.

• • • • • • • • • • • • • • •

Statt des Tischbandes können Sie frische, grüne Blätter auf den Tisch streuen.

• • • • • • • • • • • • • • •

Für einen Kindergeburtstag eignen sich bestens Schokoladen-Marienkäfer als Tischschmuck.

• • • • • • • • • • • • • • •

11

Ein „cooles" Gartenfest

Einladungskarte / Menükarte

✗ Doppelkarte aus Fotokarton in Orange, A5, Hochformat
✗ Für den Becher: Tonpapier in Royalblau, blaue Folie (z. B. aus einer Prospekthülle oder Fensterfolie), silberner Glanzkarton für die Eiswürfel
✗ Für die Orange: Fotokarton in Orange, weiße Plusterfarbe
✗ Für den kleinen Schirm: Bastelkarton in Hellgrün, Relieffarbe in Neongrün, Zahnstocher
✗ Trinkhalm in Hellgrün
✗ Bleistift, hart
✗ Schere mit gebogener Spitze (z. B. Nagelschere)
✗ Cutter mit Schneideunterlage
✗ Lineal
✗ Klebstoff
✗ Klebefilm
✗ Klebe-Pads

Aus dem orangefarbenen Fotokarton wird mit Cutter und Lineal ein Rechteck von 21 cm x 29 cm geschnitten. In der Kartenmitte von der Rückseite her vorsichtig anritzen und falzen.
Aus dem gleichen Fotokarton die Orangenscheibe (siehe Vorlagenbogen) ausschneiden; weiße Linien mit der Plusterfarbe aufmalen, trocknen lassen und mit dem Fön aufplustern. Einen kleinen Schlitz einschneiden.
Den blauen Becher (aus Tonpapier) und das Vorderteil (aus der blauen Folie) mit Hilfe von Schablonen ausschneiden.
Eine Schablone für die Eiswürfel anfertigen und drei Eiswürfel aus dem silbernen Glanzkarton schneiden. Die eingeprägten Kanten entstehen durch Striche mit einem harten Bleistift.
Den hellgrünen Schirm ausschneiden und mit der Relieffarbe verzieren; der Zahnstocher wird von hinten mit Klebefilm befestigt. Alle Einzelteile auf der Karte arrangieren und festkleben. Verwenden Sie dabei für Schirm und Orange Klebe-Pads; die Folie wird mit Klebstoff nur unterhalb der Orangenscheibe festgeklebt.
Für die Beschriftung dieser Karte ist weiße Plusterfarbe oder grüne Relieffarbe am besten geeignet.

Strohhalm-Sticker als Tischkarte

✗ Fotokarton in Orange
✗ Weiße Plusterfarbe
✗ Trinkhalm
✗ Klebe-Pads

Orangenscheibe – wie oben beschrieben – anfertigen, mit der Plusterfarbe verzieren und mit einem Klebe-Pad an den Trinkhalm kleben.
Falls gewünscht: Name z. B. mit weißer Plusterfarbe in die Mitte der Orangenscheibe schreiben. Lassen Sie dann dafür Platz frei, bevor Sie die Scheibe vollständig bemalen.

Tips zur Tischdekoration

Wenn Sie „echte" Erfrischungen vorziehen, können Sie statt der gebastelten auch frische Orangenscheiben an den Rand der Gläser stecken.

Die Farben des Sommers

Einladungskarte / Menükarte

- Weißer Fotokarton für Doppelkarte, 21 cm x 29 cm
- Breites Rupfenband in Kornblumenblau
- Blaues Band, ca. 25 cm
- Drei Ähren
- Deko-Seidenblüten: Mohn, Margerite, Kornblume
- Schere
- Cutter mit Schneideunterlage
- Klebstoff

Für die Doppelkarte aus dem weißen Fotokarton mit Cutter und Lineal ein Rechteck von 21 cm x 29 cm schneiden, in Kartenmitte von der Rückseite her vorsichtig anritzen und falzen.
Bänder und Blüten arrangieren und festkleben.

Tips zur Tischdekoration

Als Platzdekoration nehmen Sie ein Bündel von verschiedenen Ähren, binden es mit einer kornblumenblauen Schleife zusammen und kleben eine rote Deko-Mohnblüte darauf. Wenn Sie möchten, bringen Sie ein kleines Namensschildchen an.

• • • • • • • • • • • • •

Ein Strauß aus frischen Wiesenblumen kann den Seidenblumenstrauß ersetzen.

• • • • • • • • • • • • •

Eine weitere, sehr wirkungsvolle Alternative ist eine Schale mit Schwimmkerzen und Blüten.

• • • • • • • • • • • • •

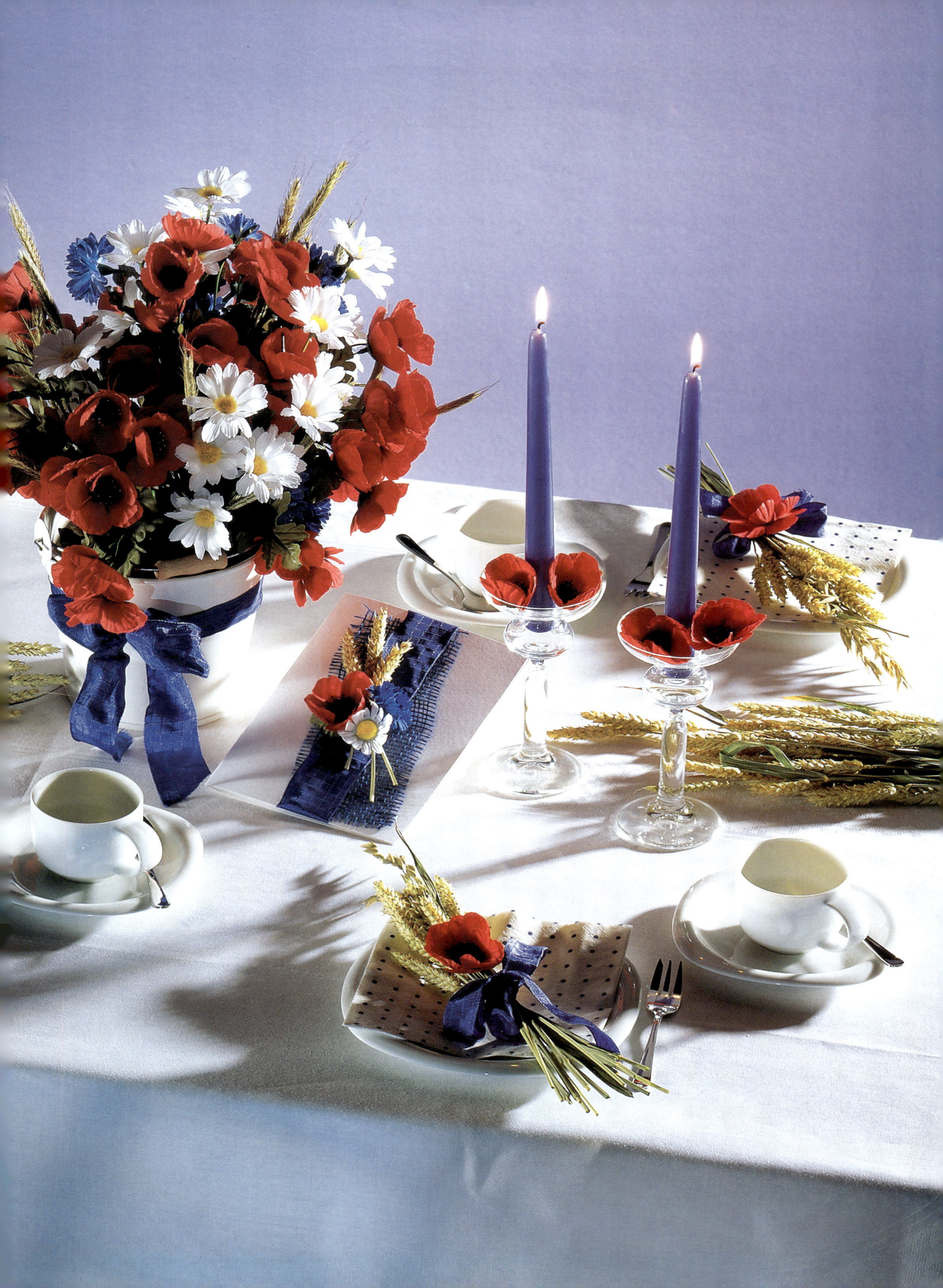

Rustikal zum Erntedank

Einladungskarte / Menükarte

- Duo-Tonkarton (orange-dunkelgrün)
- Plusterfarbe in Dunkelgrün
- Goldstift
- Bleistift
- Schere mit gebogener Spitze (z.B. Nagelschere)
- Cutter mit Schneideunterlage

Eine Schablone für den großen Kürbis anfertigen.
Den zweifarbigen Tonkarton falzen (grüne Seite innen), die Schablone außen auf den orangefarbenen Karton mit dem linken Rand am Falz anlegen und alle Linien mit einem spitzen Bleistift auf den Karton übertragen.
Die Kürbisform doppelt ausschneiden, dann die Ausschnitte für Mund, Augen und Nase mit dem Cutter aus dem oberen Klappteil herausschneiden.
Zierlinien mit der grünen Plusterfarbe aufmalen, etwas trocknen lassen und mit dem Fön aufplustern.
„Einladung" oder „Menü" mit der Plusterfarbe darauf schreiben, jedoch nicht aufplustern, sondern nur trocknen lassen.
Den Einladungs- bzw. Menü-Text schreiben Sie mit einem Goldstift auf die grüne Innenseite der Klappkarte.
Wenn Sie einen „sprechenden" Kürbis wollen, dann schreiben Sie einfach „Einladung" oder „Menü" in den Mund-Ausschnitt!

Sticker und Tischgirlande

Neben den oben bereits angegebenen Materialien benötigen Sie Klebe-Pads oder Klebefilm.

Sticker
Als Tischkarte wird ein kleiner Kürbis entweder einfach oder, wie auf dem Foto gezeigt, doppelt aus Duo-Tonkarton geschnitten.
Der Sticker wird dann mit einem Klebe-Pad oder Klebefilm an einem Trinkhalm befestigt.

Tischgirlande
Für die Girlande verwenden Sie die mittlere Kürbisgröße als Vorlage. Der Kürbis wird immer gleich doppelt ausgeschnitten (siehe Beschreibung für Einladungs- und Menükarte) und an den Kleberändern zusammengeklebt.

Tips zur Tischdekoration

Die Strohballen gibt es als fertiges Deko-Teil z.B. im Bastelgeschäft zu kaufen.

• • • • • • • • • • • • • • • •

Ergänzen Sie die Dekoration z.B. durch echte Zierkürbisse oder frische Sonnenblumen!

• • • • • • • • • • • • • • • •

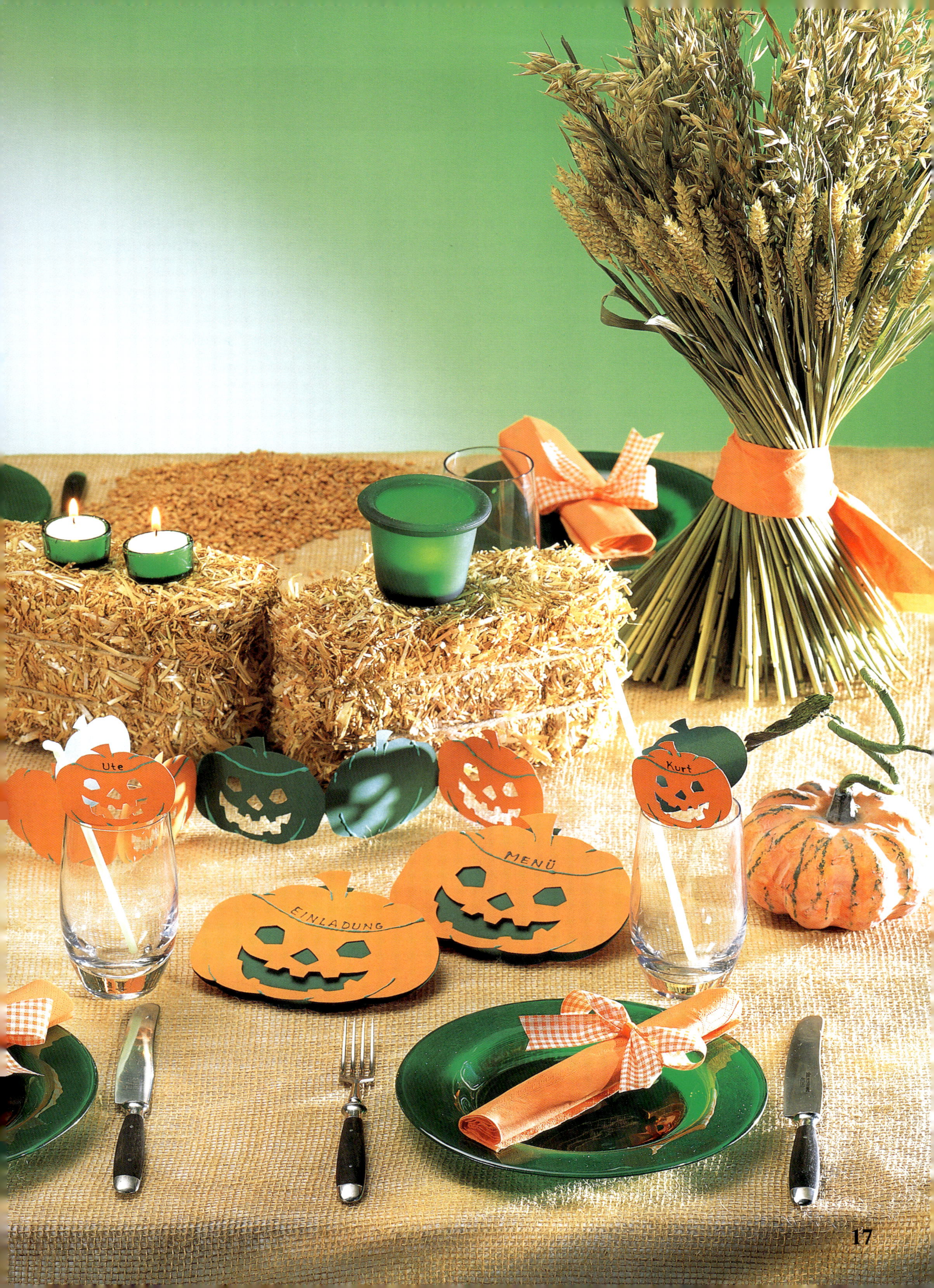
Ute
Kurt
MENÜ
EINLADUNG

Noble Weintrauben

Einladungskarte / Menükarte

- Doppelkarte aus weinrotem Fotokarton, A5, Hochformat
- Weißer Bastelkarton; 13,5 cm x 19 cm
- Weißer Bastelkarton für die gestempelte Traube
- Korken einer Weinflasche als Stempel, ø 20 mm
- Universalfarbe in Weinrot, matt (oder gemischt aus roter Farbe mit etwas Blau) und Pinsel
- Deko-Weinblatt (oder aus grünem Bastelkarton ausgeschnitten)
- Weinreben-Zweig (oder aufgemalt mit brauner Universalfarbe)
- Goldstift, 4 mm breit
- Bleistift
- Schere mit gebogener Spitze (z.B. Nagelschere)
- Cutter mit Schneideunterlage
- Lineal
- Klebstoff
- Klebe-Pads

Für die Karte aus dem weinroten Fotokarton ein Rechteck von 21 cm x 29 cm mit dem Cutter ausschneiden, in der Kartenmitte von der Rückseite her vorsichtig anritzen und falzen.
Das weiße Rechteck flächig auf die Kartenvorderseite kleben. Nach dem Muster auf dem Vorlagenbogen eine Schablone für die große Traube herstellen und mit spitzem Bleistift auf weißen Bastelkarton übertragen.
Weinrote Universalfarbe z.B. in den Blechdeckel eines Marmeladenglases geben bzw. dort anmischen.
Traube mit dem Korken aufstempeln: Mit dem Pinsel etwas Farbe auf den Korken bringen, dann am besten in Längsreihen von oben nach unten stempeln, dabei links oben beginnen. Farbe trocknen lassen und Traube mit gebogener Schere ausschneiden.
Traube, Blatt und Rebenzweig arrangieren und festkleben (Zweig mit Klebstoff, Blatt und Traube mit Klebe-Pads). Mit dem Goldstift „Menü" oder „Einladung" auf die Karte schreiben.

Tischkarte

- Tischkarte (Fertigteil)
- Weißer Bastelkarton für die gestempelte Traube
- Korken als Stempel, ø 12 mm
- Universalfarbe in Weinrot, matt (oder gemischt aus roter Farbe mit etwas Blau) und Pinsel
- Kleines Deko-Weinblatt (oder aus grünem Bastelkarton ausgeschnitten)
- Goldstift, 4 mm breit
- Bleistift
- Schere mit gebogener Spitze (z.B. Nagelschere)
- Klebstoff
- Klebe-Pads

Die kleine Rebe in der gewünschten Anzahl mit Hilfe einer Schablone auf weißen Bastelkarton aufzeichnen. Trauben – wie oben beschrieben – auf den Bastelkarton stempeln, ausschneiden und zusammen mit Blatt mit Klebe-Pads auf der Tischkarte befestigen. Mit Goldstift Namen des Gastes aufschreiben.

Tips zur Tischdekoration

Wenn die Weinreben geschnitten werden, bringen Sie von einem Spaziergang einige Rebzweige mit.

• • • • • • • • • • • •

Für die Blattgirlande können Sie auch wilden Wein oder echte Rebzweige verwenden.

• • • • • • • • • • • •

Statt der aufgestempelten Trauben sind fertige Deko-Trauben einsetzbar.

• • • • • • • • • • • •

Menü

Mike

Ede

Mexiko – die Wüste lebt

21

Mexiko – die Wüste lebt

Einladungskarte / Menükarte

- Doppelkarte aus dunkelgrünem Fotokarton, A5, Querformat
- Gelbe 3D-Colorwelle, 13,5 cm x 19 cm
- Für den Esel: Bastelkarton in Grau, schwarze Plusterfarbe für Mähne und Schweif, schwarzer Filzstift (extra fein) für die Konturlinien, ein kleines Stück rotes Rupfenband als Satteldecke, Wackelauge (ø 6 mm)
- Für den Sombrero: gelbes Tonpapier, roter Filzstift (extra fein), kleines Stück gelbe Jutekordel, Lochzange
- Für den Kaktus: grünes Schöpfpapier aus Kokosfaser (alternativ: ausgeschnittener Filz oder Bastelkarton in Grün)
- Bastelkarton in Rot
- Schwarzer Lackmalstift, 1,5 mm breit
- Goldstift, extra fein
- Flache, graue Kieselsteine
- Bleistift
- Schere mit gebogener Spitze (z. B. Nagelschere)
- Cutter mit Schneideunterlage
- Lineal
- Klebstoff
- Klebe-Pads

Für die Karte aus dunkelgrünem Fotokarton ein Rechteck von 21 cm x 29 cm mit dem Cutter ausschneiden, in Kartenmitte von der Rückseite her vorsichtig anritzen und falzen.
Das gelbe Colorwelle-Rechteck auf die Kartenvorderseite kleben. Schablonen für Esel, Kaktus, Einladungs-Kreis und Sombrero anfertigen.
Esel, Sombrero und den roten Kreis ausschneiden, Teile bemalen, Plusterfarbe aufmalen, antrocknen lassen und dann mit einem Fön aufplustern.
„Einladung" oder „Menü" aufschreiben: zunächst mit dem breiten, schwarzen Lackmalstift, dann mit dem feinem Goldstift.
Der Kaktus wird vorsichtig aus dem Schöpfpapier gerissen.
Die fertigen Einzelteile sowie die Kieselsteine auf der Karte arrangieren und mit Klebe-Pads fixieren.

Tischkarte

Neben dem oben bereits genannten Material benötigen Sie dunkelgrünen Fotokarton als Aufsteller.

Aufsteller mit Hilfe einer Schablone ausschneiden (siehe Vorlagenbogen) und an der gestrichelten Linie falzen.
Gelbes Dreieck aus 3D-Colorwellpappe ausschneiden.
Den roten Kreis ausschneiden und mit dem Namen des Gastes beschriften.
Schablonen anfertigen: wahlweise Esel oder Sombrero (große Vorlage). Teile – wie oben beschrieben – herstellen und mit Klebe-Pads an dem Aufsteller befestigen.

Tips zur Tischdekoration

Anstelle von Kieselsteinen und Kies eignet sich auch trockener heller Sand (z. B. Vogelsand) zum Aufstreuen.

• • • • • • • • • • • • • • • •

Stellen Sie Kakteen in passenden Töpfchen in die Mitte des Tisches!

• • • • • • • • • • • • • • • •

Ein Hauch von Orient in Schwarz und Rot

Einladungskarte / Menükarte

- Doppelkarte aus schwarzem Glanzkarton, A5, Hochformat
- Rechteck aus schwarzem Schöpfpapier (Kokosfaser) gerissen, 11 cm x 16 cm
- Alu-Bastelkarton in Gold
- Rote Strohseide
- Goldstift, extra fein
- Schwarzer Bast
- Zahnstocher
- HOLZ-PEN in Rot und Gold (Hobbidee)
- Tex-Pen in Schwarz für die Beschriftung (Hobbidee)
- Bleistift
- Schere
- Cutter mit Schneideunterlage
- Lineal
- Klebstoff

Für die Karte aus dem schwarzen Glanzkarton mit dem Cutter ein Rechteck von 21 cm x 29 cm schneiden, in der Kartenmitte von der Rückseite her vorsichtig anritzen und falzen. Am rechten Rand des Vorderteils der Karte einen Streifen von 1,5 cm Breite mit dem Cutter abschneiden.
Das Rechteck aus schwarzem Schöpfpapier auf die Karte kleben.
Einen Kreis mit dem Durchmesser von 10 cm aus dem goldenen Alu-Bastelkarton schneiden und aufkleben.

Für den kleinen Fächer einen Streifen von 7 cm x 19 cm aus der roten Strohseide schneiden, unregelmäßige Zierlinien mit dem feinen Goldstift aufmalen und dann den Fächer in 5 mm breite Streifen falten.
Den Fächer auf der einen Seite mit schwarzem Bast zusammenbinden und auf den goldenen Kreis kleben. Zwei Zahnstocher mit dem roten HOLZ-PEN bemalen, dann die Enden vergolden. Die Zahnstocher auf der Karte arrangieren und festkleben.
Einen Streifen von 25 cm x 4 cm aus der Strohseide schneiden und in 1,5 cm breite Streifen falten. „Einladung" oder „Menü" mit dem schwarzen Tex-Pen rechts unten auf die Strohseide schreiben (siehe Abbildung), dann den Faltstreifen etwas auseinandergezogen auf dem Rand der Innenkarte festkleben.

Tischkarte als Serviettenring

- Rote Papierserviette (mit schwarzem Aufdruck oder einfarbig)
- Schwarzer Bast
- Alu-Bastelkarton in Gold
- Schwarzer Lackmalstift, 1,5 mm breit
- Schere
- Klebstoff

Einen Kreis mit dem Durchmesser von 5 cm aus dem goldenen Alu-Bastelkarton schneiden (siehe Vorlagenbogen) und den Namen des Gastes daraufschreiben.
Serviette zu einem Fächer falten, an einem Ende mit schwarzem Bast zusammenbinden und das Namensschild an dem einen Ende des Basts festkleben.

Tips zur Tischdekoration

Die Sets auf dem Foto sind aus schwarzem Kokos-Schöpfpapier angefertigt; natürlich können Sie auch Stoff-Sets oder Sets aus Lackfolie auflegen.

25

Äpfel, Nüss' und Mandelkern

Einladungskarte / Menükarte

- Doppelkarte aus naturfarbener Wellpappe, A5 (z. B. von Hobbidee)
- Rupfenstück, natur, 13,5 cm x 19 cm
- Breites, rotes Seidenband, ca. 20 cm
- Grün-rotes Band mit Goldrand, ca. 20 cm
- Grünes Schöpfpapier aus Kokosfaser, unregelmäßig gerissen
- Glanzkarton in Rot und Grün
- Relieffarbe in Antik-Gold (zum Beschriften)
- Bleistift
- Schere mit gebogener Spitze (z. B. Nagelschere)
- Cutter mit Schneideunterlage
- Lineal
- Klebstoff
- Klebe-Pads

Das Rupfen-Rechteck flächig auf die Kartenvorderseite kleben. Nach dem Muster auf dem Vorlagenbogen Schablonen für den größeren Apfel mit Blatt herstellen, beide Teile aus Glanzkarton ausschneiden und zusammenkleben. Mit dem Relieffarbstift „Menü" oder „Einladung" auf den Apfel schreiben.
Die Bänder arrangieren und festkleben (Enden nach hinten umschlagen); grünes Kokospapier dazwischenkleben.
Zum Schluß den Apfel mit Klebe-Pads auf dem Kokospapier befestigen.

Tischkarte

Die Tischkarten sind hier kleine Säckchen, die mit allerlei netten Kleinigkeiten oder süßen Geschenken gefüllt werden können.

- Rupfen-Kreis, ø 24 cm
- Rote Kordel, ca. 20 cm
- Kleines Stück dünne Goldkordel oder Golddraht

Den Rupfenkreis nach Belieben füllen und mit der Kordel oben zusammenbinden.
Einen kleinen Apfel basteln (Anleitung siehe oben) und mit dem Namen des Gastes beschriften, dann mit der Goldkordel an der roten Kordel befestigen.

Tips zur Tischdekoration

Die Kringel für die Serviettenringe bestehen aus selbstgebackenen Lebkuchenringen, die mit Mandeln verziert sind. Genausogut dafür geeignet sind fertige Schokoladen-Brezeln oder -Herzen.

• • • • • • • • • • • • • • •

Anstelle der Deko-Äpfel können Sie natürlich auch frische Äpfel verwenden.

• • • • • • • • • • • • • • •

Wenn Sie den passenden Strauß als Mittelpunkt Ihres Tisches nicht selber aus Koniferen-Zweigen und Deko-Teilen binden möchten, dann bestellen Sie ihn nach Ihrem Geschmack beim Floristen!

• • • • • • • • • • • • • • •

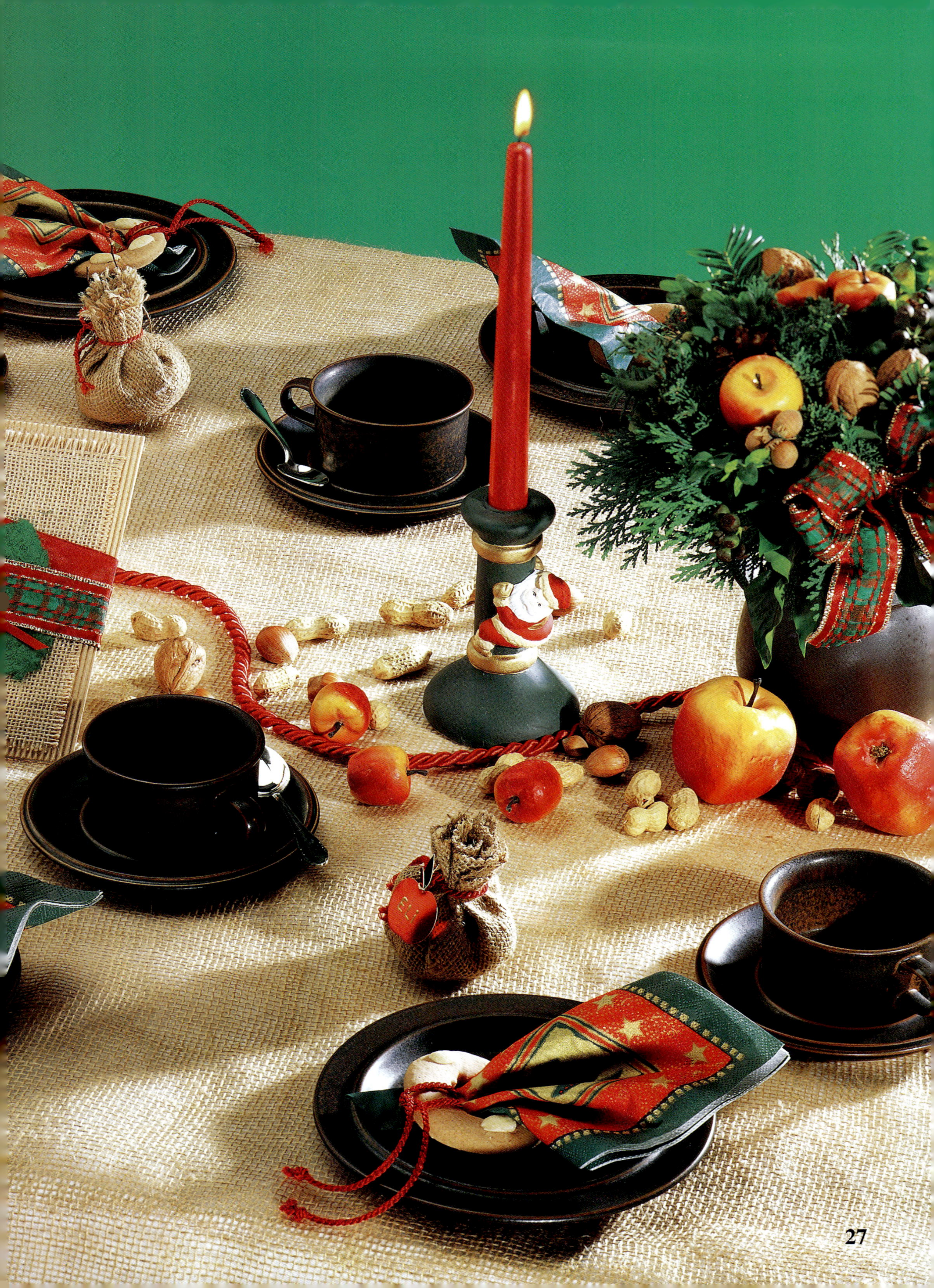

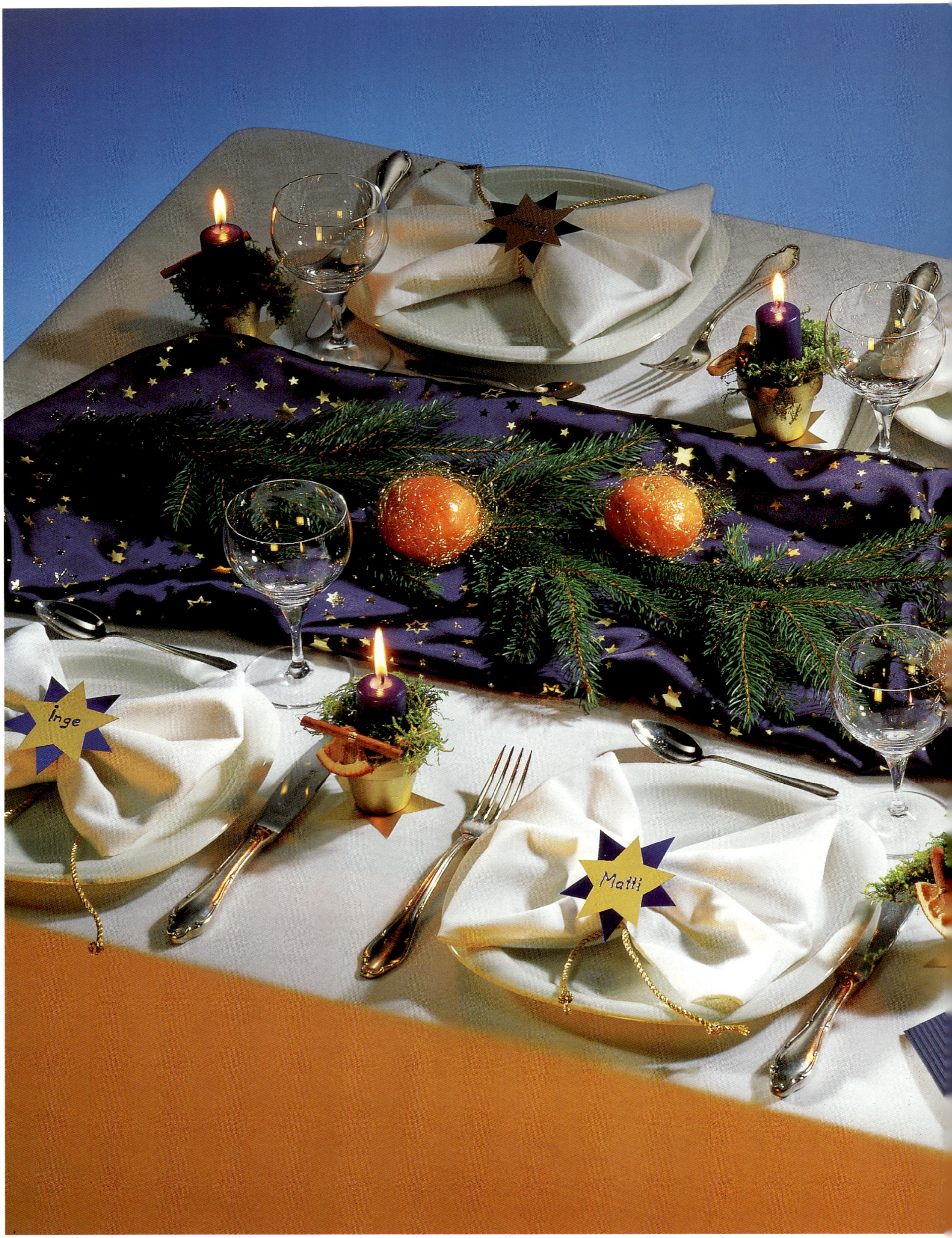
Inge
Matti

Weihnachtliche Festtafel in Gold und Blau

Weihnachtliche Festtafel in Gold und Blau

Einladungskarte / Menükarte

- Doppelkarte aus dunkelblauer Wellpappe mit rechteckigem Passepartout-Ausschnitt, A6 (z. B. von Hobbidee)
- Gold-Stoff oder -Band, ca. 6 cm x 6 cm
- Getrocknete Orangenscheibe
- Dunkelblaues Band mit Goldsternen, ca. 30 cm
- Dünne Goldkordel
- Engelshaar („Flower Hair")
- Schere
- Lochzange
- Klebstoff

Getrocknete Orangenscheiben sind ganz einfach herzustellen: Trocknen Sie die Scheiben in einem Umluft-Backofen bei etwa 50 Grad einige Stunden lang, dabei die Tür des Ofens leicht offen lassen.
Ein Drittel einer getrockneten Orangenscheibe und den Gold-Stoff hinter den Ausschnitt der Passepartout-Karte kleben, dann die Innenkarte einkleben. Text innen auf die Karte schreiben. Mit der Lochzange (oder mit einer dicken Nadel) ein Loch neben der rechten unteren Ecke des Ausschnitts durch die Doppelkarte stanzen.
Das blaue Band zu einer Schleife legen, mit der dünnen Goldkordel zusammenbinden, die Enden der Goldkordel durch das Loch in der Karte fädeln und dann hinten mit einer Schleife verschließen. Die Enden der blauen Schleife spitz einschneiden, die obere Hälfte der Karte mit etwas Engelshaar umschlingen.

Serviettenring als Tischkarte

- Cromar-Karton in Gold (oder Alu-Bastelkarton in Gold)
- Alu-Bastelkarton in Blau
- Goldkordel, ca. 40 cm lang
- Relieffarbe in Blau
- Klebstoff
- Klebefilm

Für den Serviettenring kleben Sie den kleinen Goldstern auf den größeren blauen Stern (siehe Vorlagenbogen), beschriften ihn mit blauer Relieffarbe und kleben diesen Stern an die Goldkordel. Zusätzlich können Sie die Sterne noch mit etwas Engelshaar umschlingen.

Tips zur Tischdekoration

Passend zur Einladungs- und Menükarte und der Tischkarte wurden die Kerzen gestaltet, die dem gedeckten Tisch eine feierliche Stimmung verleihen.

Kerzenständer

- Terrakotta-Blumentopf, ø ca. 5,5 cm
- Cromar-Karton in Gold (oder Alu-Bastelkarton in Gold)
- Lackspray in Gold
- Moos
- Getrocknete Orangenscheibe
- Zimtstange, ca. 7 cm
- Golddraht
- Kleine blaue Kerze
- Schere
- Klebstoff
- Klebe-Pads

Blumentopf mit Lackspray vergolden.
Aus dem Goldkarton den großen Stern schneiden, Blumentopf mit einem Klebe-Pad daraufkleben und Topf mit Moos füllen.
Die Zimtstange mit Golddraht umwickeln, die Enden verdrehen und durch ein Orangenviertel stechen. Kerze und Gewürzbündel in das Töpfchen stecken.

• • • • • • • • • • • • • • •

Die Mandarinen oder kleinen Orangen werden mit Flower-Hair umwickelt; damit können Sie auch die Sterne auf den Serviettenringen verzieren.

• • • • • • • • • • • • • • •

Einladungs-, Menü- und Tischkarten zum Selbstgestalten – einfach und schnell von Hobbidee

Ohne Feste wäre das Leben nur halb so schön. Und im Mittelpunkt jedes Festes steht der liebevoll gedeckte Tisch mit Einladungs-, Menü- und Tischkarten. Fertige Karten sind oft sehr teuer oder entsprechen nicht den eigenen Vorstellungen.

Mit den Passepartout-Karten von Hobbidee lassen sich einfach, schnell, kostengünstig und doch individuell Kartenrohlinge mit wenigen Kniffen zu kunstvollen Karten mit persönlicher Note für den festlich gedeckten Tisch dekorieren. Tolle Effekte lassen sich erzielen, wenn Sie die Stanzungen der Karten mit Stoff- und Seidenresten hinterlegen, die Karten mit LIQUID-GOLD oder LIQUID-SILVER beschriften und verzieren.
Ganz raffiniert werden die Karten, wenn Kartenränder oder Papierapplikationen (z.B. aus Naturpapieren) mit einer Zackenschere beschnitten werden.

Preise und weitere Informationen erhalten Sie von Ihrem Händler

Passepartouts – festliche Serie
Alle Karten aus dieser Serie sind gestanzt und geprägt oder in filigraner Ausstanzung (10 Variationen) und jeweils als Menü-, Einladungs- und Tischkarte erhältlich.

Artikel-Nr.	Inhalt
02-122 50 bis 02-122-59	Tischkarten
02-123 50 bis 02-123 59	Einladungskarten
02-124 50 bis 02-124 59	Menükarten

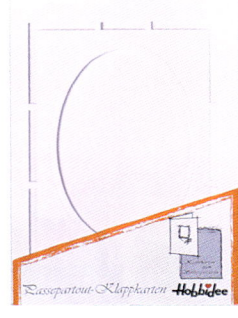

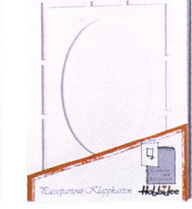

Menükarten   Einladungskarten   Tischkarten

31

Und was gibt's sonst noch?

Im frechverlag sind mehr als 700 Titel zu zahlreichen Kreativ-Techniken erschienen. Hier eine kleine Auswahl:

TOPP 2156

TOPP 2197

TOPP 2204

TOPP 2064

TOPP 2051

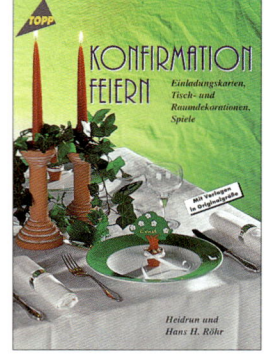

TOPP 1853

TOPP 1644

Impressum

TOPP 2254

Zeichnungen:
Hans H. Röhr, Tanja Temm

Fotos:
frechverlag Stuttgart
Fotostudio Ullrich & Co.,
Renningen

Wir danken den Firmen Knorr und Rayher für die Bereitstellung von Deko-Material.

Materialangaben und Arbeitshinweise in diesem Buch wurden von den Autoren und den Mitarbeitern des Verlags sorgfältig geprüft. Eine Garantie wird jedoch nicht übernommen. Autoren und Verlag können für eventuell auftretende Fehler oder Schäden nicht haftbar gemacht werden.
Das Werk und die darin gezeigten Modelle sind urheberrechtlich geschützt. Die Vervielfältigung und Verbreitung ist, außer für private, nicht kommerzielle Zwecke, untersagt und wird zivil- und strafrechtlich verfolgt. Dies gilt insbesondere für eine Verbreitung des Werkes durch Film, Funk und Fernsehen, Fotokopie oder Videoaufzeichnung sowie für eine gewerbliche Nutzung der gezeigten Modelle.

Auflage:
6. 5. 4. 3. 2. 1.
Jahr:
2001 2000 1999 98 97
Letzte Zahlen maßgebend.

© 1997

frechverlag

ISBN 3-7724-2254-3

Druck:
frechverlag GmbH + Co
Druck KG
D-70499 Stuttgart
Turbinenstraße 7